MONTESQUIEU

—

LIVRE PREMIER

DE

L'ESPRIT DES LOIS

HACHETTE ET Cᵉ

MONTESQUIEU

LIVRE PREMIER

DE

L'ESPRIT DES LOIS

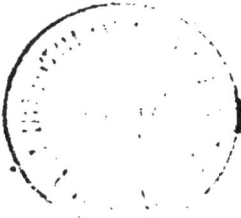

DU MÊME AUTEUR

Gallia. *Tableau sommaire de la Gaule sous la domination romaine.* 1 vol. in-16, avec gravures, cart. toile. . . . . 3 fr.
Ouvrage couronné par l'Académie française.

Extraits des historiens français du XIXᵉ siècle, publiés, annotés et précédés d'une introduction sur *l'histoire en France.* 1 vol. petit in-16, cart. . . . . 3 fr. 50

Montesquieu. *Considérations sur les causes de la grandeur des Romains et de leur décadence;* nouvelle édition publiée avec introduction, variantes, commentaires et tables. 1 vol. petit in-16, cartonné. . . . . 1 fr. 80

—— *Extraits de l'Esprit des Lois et des Œuvres diverses,* publiés avec une introduction, des notices et des notes, 1 vol. petit in-16, cart. . . . . 2 fr.

31308. — Imprimerie LAHURE, rue de Fleurus, 9, à Paris.

MONTESQUIEU

LIVRE PREMIER

DE

L'ESPRIT DES LOIS

ACCOMPAGNÉ D'UN COMMENTAIRE

PAR

CAMILLE JULLIAN

Professeur à la Faculté des Lettres de Bordeaux
Correspondant de l'Institut.

PARIS

LIBRAIRIE HACHETTE ET Cie

79, BOULEVARD SAINT-GERMAIN, 79

1897

AVANT-PROPOS

———

Cette édition est destinée aux élèves en philosophie. Nous les supposons instruits de la vie de Montesquieu : on a jugé inutile de la raconter à propos de l'*Esprit des Lois*. — Le premier livre, le seul qui soit publié ici, renferme à la fin, faite par Montesquieu lui-même, une analyse de l'ouvrage entier : nos étudiants trouveront, dans les notes qui accompagnent cette analyse, tous les renseignements qui permettent de la compléter et d'avoir une idée nette du contenu et du plan de l'*Esprit des Lois*. — Nous nous sommes surtout attaché, dans le reste des notes, à la question des sources de Montesquieu : à quelles polémiques contemporaines il fait allusion, quelle assertion de ses devanciers il combat, de quelles inspirations dérivent ses théories. Nous avons voulu rechercher les influences qui ont agi sur notre auteur : les souvenirs toujours présents de la philosophie classique et du droit romain, l'hostilité conventionnelle contre Hobbes et Spinoza, les réminiscences de Descartes, l'action persistante de Newton et de Clarke. — Nous nous sommes gardé de juger les théories de Montesquieu : c'est la tâche qui revient au professeur.

Camille JULLIAN.

Bordeaux, 2 décembre 1890.

DE L'ESPRIT DES LOIS[1]

LIVRE PREMIER[2]
DES LOIS EN GÉNÉRAL

CHAPITRE PREMIER
Des lois, dans le rapport qu'elles ont avec les divers êtres[3].

Les lois[4], dans la signification la plus étendue, sont les rapports nécessaires qui dérivent de la nature des

1. Voici quel était, dans les éditions originales, le titre complet de l'ouvrage: « DE L'ESPRIT DES LOIX, OU DU RAPPORT QUE LES LOIX DOIVENT AVOIR AVEC LA CONSTITUTION DE CHAQUE GOUVERNEMENT, LES MŒURS, LE CLIMAT, LA RELIGION, LE COMMERCE, etc., à quoi l'auteur a ajouté des *Recherches nouvelles sur les loix romaines touchant les successions, sur les loix françaises et sur les loix féodales.* » — La première partie de ce titre, conforme au résumé donné à la fin du livre I (cf. p. 26), rappelle le plan primitif; l'ajouté annonce les quatre livres que l'auteur plaça, après coup, à la fin de son travail (cf. p. 29, n. 1).

2. Sur le nombre et le titre des livres, cf. ici, p. 26-29.

3. Autrement dit des différentes lois : lois de la divinité; — de la création; — du monde intelligent; — des animaux; — diverses lois qui règlent l'homme.

4. Le mot français *loi* vient directement du latin *lex* (comme *roi* de *rex*) et a exactement tous les mêmes sens que ce mot. *Lex* avait sans doute pour origine *legere*, « lire ce que les magistrats ont écrit » *(appellare eam legem, quæ scripta sancit quod vult,* dit Cic. *de Legibus,* I, VI, 19). Mais sous l'influence de la philosophie grecque, les Latins appliquèrent le terme de loi à la vie physique, intellectuelle et morale, et le définirent « la nécessité de la nature, la raison du sage, la règle du droit » : *Ea est enim naturæ vis, ea mens ratioque juris, ea juris atque injuriæ* REGULA (Cicéron, *ibid.).* De la même manière chez les Grecs νόμος (qui vient de ἀπὸ τοῦ νέμειν, accorder, distribuer), après s'être appliqué surtout à la loi positive, a pris également chez les philosophes et les poètes le sens de loi naturelle ou de loi divine.

choses [1] ; et, dans ce sens, tous les êtres ont leurs lois : la divinité [2] a ses lois, le monde matériel a ses lois, les

1. Cette définition célèbre n'est pas sans précédents. D'abord Montesquieu a dit quelque chose d'analogue dans ses *Lettres Persanes* (LXXXIII) : « La justice » (qui est après tout une loi) « est un *rapport* de convenance qui se trouve *réellement* » (c'est-à-dire nécessairement) « entre deux choses ». D'autre part le mot *nécessaire* est implicitement renfermé dans le *vis naturæ* de la définition de Cicéron (p. 9, n. 4). Enfin le philosophe anglais Clarke (1675-1729), disciple de Newton, avait dit du bien ce que Montesquieu dit de la loi : « La notion du bien se résout dans l'idée des *rapports réels et immuables* qui existent entre les choses, en vertu de leur nature »; et il insistait sur ces *rapports éternels*, et sur leurs conséquences *absolues et nécessaires*, rapports et conséquences qui s'imposent « à toute créature intelligente »; (*de la Religion naturelle*, ch. III, p. 227-9 de la traduction Jacques, 1843).—Il parait probable que tout le premier chapitre de Montesquieu est une réminiscence ou un résumé de Clarke, d'autant plus que l'auteur français, comme le fait Clarke lui-même, combat ou réfute implicitement les théories de Hobbes.

Cette définition de la loi a été attaquée pour deux raisons : 1° à cause du mot *nécessaire*, par les jansénistes, qui reprochèrent aussitôt à Montesquieu son fatalisme et surtout son « spinozisme »; ils firent même de lui, à ce propos, un « sectateur de la religion naturelle » (*Nouvelles ecclésiastiques* des 9 et 16 oct. 1749); il leur répondit par une protestation indignée (*Défense de l'Esprit des Lois*, Genève, 1750), où, laissant de côté le vrai sujet de l'accusation, c'est-à-dire le mot *néces-* saire, il renvoya ses accusateurs aux pages suivantes de son livre, celles où « il a distingué le monde matériel d'avec les intelligences spirituelles »; 2° à cause du mot *rapport*, par les philosophes : Destutt de Tracy écrit dans son *Commentaire sur l'Esprit des Lois* (écrit en 1796, éd. de 1822) : « Une loi n'est pas un rapport et un rapport n'est pas une loi »; la loi est, ou bien, dans l'ordre moral, « la règle prescrite à nos actions », ou bien, dans l'ordre physique, « l'expression de la manière dont les phénomènes de la nature s'opèrent constamment ». Helvétius disait, d'autre part (dans ses notes sur l'*Esprit des Lois*), que les lois n'étaient pas des rapports, mais des résultats de rapports. Ce à quoi M. Janet répond (*Histoire de la science politique*, 3° édit., 1878) : « On a pu dire qu'une chose quelconque n'existe qu'à la condition d'avoir une certaine nature, et des rapports qui résultent de cette nature, et c'est ce qu'on appelle des *lois*.... Revenant à l'ordre civil, on peut dire que les lois civiles sont des rapports nécessaires dérivant de la nature des choses, c'est-à-dire qu'elles ne dérivent pas de la fantaisie des législateurs, mais qu'elles tiennent aux conditions sociales, climatériques, etc.; c'est ainsi que la définition de Montesquieu se rapporte à la pensée générale de son livre. »

2. « La loi », dit Plutarque, « est la reine de tous mortels et immortels. » Au traité *Qu'il est requis qu'un prince soit savant*.

(NOTE DE MONTESQUIEU.)

C'est le traité de Plutarque Πρὸς ἡγεμόνα ἀπαίδευτον : Montesquieu se sert de la traduction d'Amyot (édit. de 1572, p. 135). Mais s'il avait lu son Amyot avec

intelligences supérieures à l'homme ont leurs lois, les bêtes ont leurs lois, l'homme a ses lois[1].

Ceux qui ont dit qu'*une fatalité aveugle a produit tous les effets que nous voyons dans le monde*, ont dit une grande absurdité[2] : car quelle plus grande absurdité qu'une fatalité aveugle qui aurait produit des êtres intelligents[3]?

Il y a donc une raison primitive[4]; et les lois sont les rapports qui se trouvent entre elle et les différents êtres, et les rapports de ces divers êtres entre eux.

Dieu a du rapport avec l'univers, comme créateur et comme conservateur; les lois selon lesquelles il a créé sont celles selon lesquelles il conserve : il agit selon ces règles, parce qu'il les connaît; il les connaît, parce qu'il

---

plus de soin, il aurait vu que Plutarque ne faisait que citer un vers célèbre de Pindare : Νόμος ὁ πάντων βασιλεὺς θνητῶν τε καὶ ἀθανάτων.

1. Montesquieu répond à Hobbes, qui n'admet d'autres lois que la loi positive : « La loi, à la définir exactement, est le discours d'une personne, qui avec autorité législative commande aux autres de faire ou de ne pas faire quelque chose. » Hobbes concède ensuite qu'il y a des lois de la nature: mais elles ne sont telles que « parce qu'elles ont été promulguées dans les Écritures Saintes avec une puissance divine. » (*Œuvres*, trad. de Sorbière, édit. de 1787, I, p. 69.)

2. Réminiscence de Cicéron, qui dit à propos de la théorie fataliste des stoïciens (*de Divinatione*, II, vII, 19) : *Omnia, quæ fierent futurave essent fato contineri* : [*hoc est*] *anile et plenum superstitionis.* Mais il est possible qu'ici encore Montesquieu suive surtout Clarke qui, dans son traité *de l'Existence de Dieu* (chap. X), combat la doctrine déterministe de Spinoza en ces termes : « C'est

se moquer des gens que de dire. comme font les spinozistes, que toutes les choses du monde ont été produites par la nécessité de la nature divine. » C'est la proposition célèbre de Spinoza (*Éthique*, I, xvi) : *Ex necessitate divinæ naturæ infinita infinitis modis sequi debent.* « Conclusion absurde », dit ailleurs Clarke (chap. IX).

3. Cf. Bossuet, *de la Connaissance de Dieu et de soi-même*, chap. IV, § vi : « On ne pourrait comprendre d'où viendrait, dans ce tout qui n'entend pas, cette partie qui entend, l'intelligence ne pouvant pas naître d'une chose brute et insensée. » Même raisonnement chez Clarke, *de l'Existence de Dieu*, chap. IX.

4. En ceci encore Montesquieu combat Hobbes ou Spinoza et imite Clarke. Hobbes avait dit que les « règles du bien et du mal, du juste et de l'injuste, de l'honnête et du malhonnête, sont » simplement « des lois civiles » (*de Cive*, XVII); on a vu ce que disait Spinoza; et Clarke développe contre tous les deux sa proposition, qu'il y a une cause existant par elle-même, éternelle et intelligente (*ibid.*).

les a faites; il les a faites, parce qu'elles ont du rapport avec sa sagesse et sa puissance[1].

Comme nous voyons que le monde, formé par le mouvement de la matière et privé d'intelligence, subsiste toujours, il faut que ses mouvements aient des lois invariables; et, si l'on pouvait imaginer un autre monde que celui-ci, il aurait des règles constantes, ou il serait détruit.

Ainsi la création, qui paraît être un acte arbitraire, suppose des règles aussi invariables que la fatalité des athées[2]. Il serait absurde de dire que le créateur, sans ces règles, pourrait gouverner le monde, puisque le monde ne subsisterait pas sans elles[3].

Ces règles sont un rapport constamment établi. Entre un corps mu et un autre corps mu, c'est suivant les rapports de la masse et de la vitesse que tous les mouvements sont reçus, augmentés, diminués, perdus; chaque diversité est *uniformité*, chaque changement est *constance*[4].

---

1. Clarke, chap. XIII : « Un être infiniment bon, infiniment sage, se trouve TOUT AUTANT *obligé* » (c'est, chez Montesquieu, *le rapport nécessaire de Dieu avec sa sagesse*) « d'agir conformément aux règles de sa sagesse et de sa bonté qu'un être purement nécessaire est obligé de subir la loi de nécessité qui l'entraîne. » — L'un et l'autre systèmes, celui de Clarke et celui de Montesquieu, reviennent à ceci que « les lois, c'est-à-dire la nature des différents êtres et les rapports qui en dérivent, ne sont pas des choses qui aient dépendu même de la volonté de Dieu qui les a créées; et la cause en est qu'étant les œuvres de Dieu elles ont en lui leur raison, et que la raison de ce que Dieu fait ne peut être distinguée de sa nature, laquelle est nécessaire et éternelle ». (Jouffroy, *Cours*

de droit naturel, XXIV° leçon, 4° édition, 1866).

2. Montesquieu s'élève souvent contre l'athéisme, qu'il regardait, ainsi que tous les philosophes de son temps (Clarke, etc.) comme inséparable du fatalisme.

3. C'est bien encore la théorie de Clarke : la création est l'ensemble des différents êtres, d'essence immuable et unis entre eux par des rapports immuables comme leur essence. — L'extrême parenté des théories de Clarke et de Montesquieu a été démontrée par Jouffroy, *ibid*.

4. C'est la même loi qui règle les mouvements des corps, si divers que puissent être ces mouvements. Montesquieu, comme tous ses contemporains, eut un goût prononcé pour les recherches et les comparaisons scientifiques : celles-ci abondent dans

Les êtres particuliers intelligents peuvent avoir des lois qu'ils ont faites ; mais ils en ont aussi qu'ils n'ont pas faites. Avant qu'il y eût des êtres intelligents, ils étaient possibles ; ils avaient donc des rapports possibles, et par conséquent des lois possibles. Avant qu'il y eût des lois faites[1], il y avait des rapports de justice possibles. Dire qu'il n'y a rien de juste ni d'injuste que ce qu'ordonnent ou défendent les lois positives, c'est dire qu'avant qu'on eût tracé de cercle tous les rayons n'étaient pas égaux[2].

Il faut donc avouer des rapports d'équité antérieurs à la loi positive qui les établit[3] : comme[4], par exemple, que, supposé qu'il y eût des sociétés d'hommes, il serait juste de se conformer à leurs lois[5] ; que, s'il y avait des êtres intelligents qui eussent reçu quelque bienfait d'un

son livre. Le plus souvent, il s'inspire des théories physiques de Newton, qui passionnaient alors le monde lettré. Mais quelquefois aussi, il semble fidèle à la physique cartésienne, qui avait été en grande vogue avant Newton. C'est le cas ici. — « La quantité de mouvement d'un corps, dans la dynamique de Descartes (*Principes*, IIe p., art. XXXVI), est mesurée par le produit de la masse *m* de ce corps et de sa vitesse *v* : la quantité de mouvement d'un corps, d'après Descartes, peut changer quand il rencontre un autre corps ; mais la somme totale des quantités de mouvement des divers corps qui composent l'univers demeure invariable. » (Communication de M. Duhem.) — Cette question des lois du choc et du mouvement fut une des plus agitées au début du XVIIIe siècle. En 1720, Montesquieu lut à l'Académie de Bordeaux un mémoire *sur le mouvement*.

1. Hobbes ; cf. p. 11, n. 1 et 4.

2. Clarke, *de la Religion naturelle*, III : « Comme l'addition de certains nombres compose nécessairement une certaine somme, et comme certaines opérations géométriques et mécaniques donnent constamment la solution de certains problèmes et de certaines propositions, ainsi en matière de morale il y a de certaines relations des choses qui sont nécessaires et immuables, et qui bien loin de devoir leur origine à un établissement positif et arbitraire, sont de leur nature d'une nécessité éternelle. » On trouve à peu près exactement la même phrase chez Cumberland (1632-1718), qui a écrit son *de Legibus Naturæ* (1672) pour réfuter Hobbes, pour la même raison que Clarke a écrit ses deux livres. On doit insister sur ces rapprochements, afin de montrer tout ce que Montesquieu doit à la philosophie anglaise.

3. Idée que Montesquieu a aimé à répéter : « La justice est éternelle et ne dépend point des conventions humaines. » (*Lettres Persanes*, LXXXIII.)

4. Montesquieu énumère, sous cette formule, les lois de la justice préexistantes à l'homme, autrement dit de la justice naturelle.

5. Est-ce bien là une loi de la justice éternelle ? et ne serait-ce pas, plutôt, l'expression affectée,

autre être, ils devraient en avoir de la reconnaissance;
que, si un être intelligent avait créé un être intelligent,
le créé devrait rester dans la dépendance qu'il a eue dès
son origine[1]; qu'un être intelligent qui a fait du mal à
un être intelligent, mérite de recevoir le même mal; et
ainsi du reste.

Mais il s'en faut bien que le monde intelligent soit
aussi bien gouverné que le monde physique. Car, quoique
celui-là ait aussi des lois qui, par leur nature, sont invariables, il ne les suit pas constamment comme le monde
physique suit les siennes. La raison en est que les êtres
particuliers intelligents sont bornés par leur nature, et
par conséquent sujets à l'erreur; et, d'un autre côté, il
est de leur nature qu'ils agissent par eux-mêmes[2]. Ils ne
suivent donc pas constamment leurs lois primitives; et
celles mêmes qu'ils se donnent, ils ne les suivent pas
toujours.

On ne sait si les bêtes sont gouvernées par les lois
générales du mouvement, ou par une motion particulière[3].

chez Montesquieu, d'une soumis-
sion aux lois de l'État? Il a tout
fait pour persuader ses lecteurs
qu'il se sent heureux sous le gouvernement de son pays (cf. p. 23,
n 3), et il en donne ici, avec ou
sans conviction, une raison philosophique. Au surplus il a pu pren-
dre cette théorie ailleurs, dans
Grotius p. ex. (de Jure belli, II, II,
5) : « Quand une loi civile règle les
choses, le droit même de nature
veut qu'on l'observe. »

1. De la même manière ici, Montesquieu pose en axiome « la reconnaissance » de la créature
envers la divinité, peut-être pour
ne point encourir le reproche
d'athéisme ou d'indifférence. Tout
ce chapitre est rempli de précau-
tions théologiques qui semblent
bien parfois un peu empreintes
d'ironie.

2. La nature des hommes est à
la fois libre et bornée. Une intelligence limitée et une volonté libre
sont les causes des lois contraires
aux lois de la raison naturelle.

3. Voici encore une allusion
(cf. p. 12, n. 4) à une de ces théories de la physique cartésienne
sur lesquelles on discuta tellement au XVIII° siècle, à l'automatisme des animaux. Pour Descartes toutes les fonctions, chez
les bêtes, peuvent s'expliquer par
l'étendue et le mouvement. Soumises seulement aux lois générales de la mécanique, les bêtes sont
semblables à des horloges mon-
tées qui ne produisent tel ou tel
mouvement que si l'on fait mouvoir le ressort qui le détermine.
— Montesquieu ne se prononce pas
ici en apparence, peut-être parce
que, dans le long et fastidieux
débat que provoqua l'automatisme
des bêtes (il parut en France,

Quoi qu'il en soit, elles n'ont point avec Dieu de rapport plus intime que le reste du monde matériel; et le sentiment ne leur sert que dans le rapport qu'elles ont entre elles, ou avec d'autres êtres particuliers, ou avec elles-mêmes.

Par l'attrait du plaisir, elles conservent leur être particulier; et, par le même attrait, elles conservent leur espèce. Elles ont des lois naturelles, parce qu'elles sont unies par le sentiment; elles n'ont point de lois positives, parce qu'elles ne sont point unies par la connaissance[1]. Elles ne suivent pourtant pas invariablement leurs lois naturelles : les plantes, en qui nous ne remarquons ni connaissance, ni sentiment, les suivent mieux.

Les bêtes n'ont point les suprêmes avantages que nous avons; elles en ont que nous n'avons pas. Elles n'ont point nos espérances, mais elles n'ont pas nos craintes; elles subissent comme nous la mort, mais c'est sans la connaître; la plupart même se conservent mieux que nous, et ne font pas un aussi mauvais usage de leurs passions.

L'homme, comme être physique, est, ainsi que les autres corps, gouverné par des lois invariables. Comme être intelligent, il viole sans cesse les lois que Dieu a établies, et change celles qu'il établit lui-même. Il faut qu'il se conduise, et cependant il est un être borné; il est sujet à l'ignorance et à l'erreur, comme toutes les intelligences finies; les faibles connaissances qu'il a, il les perd encore. Comme créature sensible, il devient sujet à mille passions. Un tel être pouvait à tous les in-

de 1648 à 1740, au moins dix traités spéciaux sur *l'âme des bêtes*), le clergé et les théologiens acceptèrent la théorie. En fait, il y est partout contraire, comme le montre l'alinéa suivant. La principale conséquence de l'automatisme était en effet de supprimer la douleur chez les animaux (c'est là-dessus surtout que portèrent les discussions), et Montesquieu, tout en évitant de parler de la souffrance, insiste sur son contraire, *le plaisir*, qui la suppose. Comme à son ordinaire, il est fort habile.

1. Cf. pages 20 et 21, et page 21, note 1.

stants oublier son créateur : Dieu l'a rappelé à lui par les lois de la religion[1]. Un tel être pouvait à tous les instants s'oublier lui-même : les philosophes l'ont averti par les lois de la morale[2]. Fait pour vivre dans la société, il y pouvait oublier les autres : les législateurs l'ont rendu à ses devoirs par les lois politiques et civiles[3].

1. Montesquieu parlera, dans son livre XXVI, des rapports entre les lois religieuses et les lois humaines (cf. p. 28, n. 6).

2. Montesquieu oubliera un peu, dans le courant de son ouvrage, cette catégorie de lois, ou plutôt il en parlera soit sous la rubrique « lois naturelles », soit à propos des lois religieuses. Dans son livre XXVI en particulier, il oppose constamment *les lois humaines,* c'est-à-dire politiques, et *les lois religieuses,* p. ex. chap. II : « La nature des lois humaines est d'être soumises à tous les accidents qui arrivent, et de varier à mesure que les volontés des hommes changent : au contraire, la nature des lois de la religion est de ne varier jamais. Les lois humaines statuent sur le bien ; la religion, sur le meilleur. Le bien peut avoir un autre objet, parce qu'il y a plusieurs biens ; mais le meilleur n'est qu'un, il ne peut donc pas changer. On peut bien changer les lois, parce qu'elles ne sont censées qu'être bonnes ; mais les institutions de la religion sont toujours supposées être les meilleures. » Il semble que, dans le cours de son ouvrage, il ait voulu de plus en plus faire une grande part à la religion.

3. Les lois politiques et civiles sont celles qui régissent les sociétés humaines, en tant que constituées en États. Sur la différence qui existe entre les unes et les autres, cf. p. 23 et 24. — On trouvera une nomenclature un peu différente des diverses lois qui régissent l'humanité liv. XXVI, chap. I : « Les hommes sont gouvernés par diverses sortes de lois : par le droit naturel ; par le droit divin, qui est celui de la religion (cf. p. 27, n. 4) ; par le droit ecclésiastique, autrement appelé canonique, qui est celui de la police de la religion (cf. p. 27, n. 4) ; par le droit des gens, qu'on peut considérer comme le droit civil de l'univers, dans le sens que chaque peuple en est un citoyen (cf. p. 22, n. 1) ; par le droit politique général, qui a pour objet cette sagesse humaine qui a fondé toutes les sociétés (cf. p. 23, n. 1) ; par le droit politique particulier, qui concerne chaque société (cf. p. 22, n. 2) ; par le droit de conquête, fondé sur ce qu'un peuple a voulu, a pu ou a dû faire violence à un autre (cf. p. 23) ; par le droit civil de chaque société, par lequel un citoyen peut défendre ses biens et sa vie contre tout autre citoyen (cf. p. 22, n. 3) ; enfin par le droit domestique, qui vient de ce qu'une société est divisée en diverses familles qui ont besoin d'un gouvernement particulier. »

CHAPITRE II

Des lois de la nature [1].

Avant toutes ces lois sont celles de la nature, ainsi nommées parce qu'elles dérivent uniquement de la constitution de notre être. Pour les connaître bien il faut considérer un homme avant l'établissement des sociétés. Les lois de la nature seront celles qu'il recevrait dans un état pareil [2].

Cette loi qui, en imprimant dans nous-mêmes l'idée d'un créateur, nous porte vers lui, est la première des

1. La distinction entre les lois de la nature et les lois de la société, entre le droit naturel et le droit positif, est aussi ancienne que la philosophie et que la jurisprudence; Cicéron, *de Republica*, III, xv, 30, opposait *justitia civilis* et *justitia naturalis*. Cette distinction est demeurée fondamentale en droit romain. Voici la définition classique : *jus naturale est, quod natura omnia animalia docuit* [Montesquieu, lui, ne parle des lois de la nature qu'à propos des hommes] : *nam jus istud non humani generis proprium est, sed omnium animalium.... Quod quisque populus ipse sibi jus constituit, id ipsius proprium civitatis est vocaturque jus civile.* (*Institutes* de Justinien, I, ii.) Cette distinction fut conservée et développée, à partir du xviᵉ siècle, dans tous les ouvrages de philosophie sociale dont Montesquieu s'est inspiré. Elle est la base par exemple des livres de Grotius, *de Jure belli et pacis* (1626), de Pufendorf, *de Jure naturæ et gentium* (1672), sans parler des traités de Hobbes; voy. ici, n. 2. — Il importe de ne pas confondre, dit M. Janet à propos de ce passage, *la loi naturelle* (cf. p. 25, n. 1), avec les *lois de la nature*.

2. Les lois de la nature sont spécialement, pour Montesquieu, les tendances instinctives qui gouvernent l'homme avant la formation de toute société. — Si Montesquieu parle de ces lois, en y insistant même un peu trop, c'est qu'il se conformait à une habitude, très générale chez les philosophes du xviᵉ et du xviiiᵉ, de rechercher l'homme à *l'état de nature*, ses instincts et ses lois. C'est ainsi (pour ne parler que des deux écrivains extrêmes de cette période), que Hobbes a traité *de Natura hu-*

lois naturelles par son importance[1], et non pas dans l'ordre de ces lois. L'homme, dans l'état de nature, aurait plutôt la faculté de connaître qu'il n'aurait des connaissances[2]. Il est clair que ses premières idées ne seraient point des idées spéculatives : il songerait à la conservation de son être, avant de chercher l'origine de son être. Un homme pareil ne sentirait d'abord que sa faiblesse; sa timidité serait extrême : et si l'on avait là-dessus besoin de l'expérience, l'on a trouvé dans les forêts des hommes sauvages[3] : tout les fait trembler, tout les fait fuir[4].

Dans cet état chacun se sent inférieur; à peine chacun se sent-il égal[5]. On ne chercherait donc point à s'attaquer : et la paix serait la première loi naturelle[6].

mana (1650), et de Homine (1658), en même temps que de Cive (1642), et que J.-J. Rousseau, dans son écrit le plus célèbre, le Contrat social (I, 1), oppose aux droits qui viennent « de la nature », « l'ordre social », qui est « fondé sur des conventions ».

1. Cette place d'honneur faite au sentiment religieux, est-elle une concession de Montesquieu aux théologiens, ou l'expression d'une conviction intime?

2. Cet emploi du conditionnel est habituel à Montesquieu dès qu'il veut exprimer l'enchaînement logique de deux faits qui se sont succédé dans le temps. Il n'implique pas, je crois, le moindre doute dans la légitimité du raisonnement.

3. Témoin le sauvage qui fut trouvé dans les forêts de Hanovre, et que l'on vit en Angleterre sous le règne de Georges I". [NOTE DE MONTESQUIEU.]

4. Donc, le premier sentiment naturel à l'homme serait la crainte. Sur ce point, Montesquieu est d'accord avec Hobbes dont la théorie initiale est la suivante : « Les hommes ont les uns des autres une crainte mutuelle (I, p. 7); les hommes se cachent dans les ténèbres (p. 10); si nous ne nous proposions pas quelque utilité, nous vivrions peut-être aussi sauvages que les autres animaux les plus sauvages. »

5. Ici Montesquieu commence à s'éloigner de Hobbes, qui avait dit (p. 10) : « La cause de la crainte mutuelle dépend en partie de l'égalité naturelle de tous les hommes. »

6. Maintenant l'opposition est complète. Ces sentiments d'égalité et de crainte, dit Hobbes, se complètent par « la volonté réciproque que les hommes ont de se nuire ». P. 12 : « La plus ordinaire cause qui invite les hommes au désir de s'offenser et de nuire les uns aux autres est que, plusieurs recherchant en même temps une même chose, il arrive fort souvent qu'ils ne peuvent pas la posséder en commun, et qu'elle ne peut pas être divisée. » « L'état naturel des hommes, avant qu'ils eussent formé des sociétés, était une guerre perpétuelle, et non seulement cela, mais une guerre de tous contre tous. »

Le désir que Hobbes donne d'abord aux hommes de se subjuguer les uns les autres n'est pas raisonnable. L'idée de l'empire et de la domination est si composée, et dépend de tant d'autres idées, que ce ne serait pas celle qu'il aurait d'abord [1].

Hobbes demande pourquoi, si les hommes ne sont pas naturellement en état de guerre, ils vont toujours armés; et pourquoi ils ont des clefs pour fermer leurs maisons [2]. Mais on ne sent pas que l'on attribue aux hommes, avant l'établissement des sociétés, ce qui ne peut leur arriver qu'après cet établissement, qui leur fait trouver des motifs pour s'attaquer et pour se défendre [3].

Au sentiment de sa faiblesse l'homme joindrait le sentiment de ses besoins : ainsi une autre loi naturelle serait celle qui lui inspirerait de chercher à se nourrir [4].

1. Il ne s'agit pas précisément chez Hobbes d' « empire » et de « domination », mais de crainte, de haine et de convoitise : ce sont les sentiments dont il parle « d'abord. »

2. Hobbes donne en effet, comme preuve que la crainte est un sentiment naturel : « Quand on va se coucher, on ferme les portes; quand on voyage, on prend une épée, à cause qu'on craint les voleurs. Les républiques mettent des garnisons sur leurs frontières; les villes ont accoutumé de se servir de fortes murailles contre leurs voisins. »

3. Ainsi, pour Montesquieu, l'état de guerre est le résultat de la vie sociale; pour Hobbes, la formation de la société est la conséquence d'un état naturel de guerre. — *Esprit des Lois*, X, ii : « La vie des États est comme celle des hommes [ici Montesquieu se rapproche un peu de Hobbes] : ceux-ci ont droit de tuer dans le cas de la défense naturelle; ceux-là ont droit de faire la guerre pour leur propre conservation.... »

Dans le cas de défense naturelle, j'ai droit de tuer, parce que ma vie est à moi, comme la vie de celui qui m'attaque est à lui ; de même un État fait la guerre, parce que sa conservation est juste comme toute autre conservation... Entre les sociétés, le droit de défense naturelle entraîne quelquefois la nécessité d'attaquer, lorsqu'un peuple voit qu'une plus longue paix en mettrait un autre en état de le détruire, et que l'attaque est dans ce moment le seul moyen d'empêcher cette destruction... Le droit de la guerre dérive donc de la nécessité et du juste rigide.

4. Montesquieu distingue, dans l'ordre de succession chronologique et logique, un certain nombre d'instincts humains ayant « du rapport » avec autant de lois de la nature : 1° la crainte, amenant, comme loi, la paix ; 2° le besoin de se nourrir, amenant, comme loi, la recherche de la nourriture; 3° (et ici avec une certaine confusion), le rapprochement des êtres est une loi qui

J'ai dit que la crainte porterait les hommes à se fuir: mais les marques d'une crainte réciproque les engageraient bientôt à s'approcher; d'ailleurs, ils y seraient portés par le plaisir qu'un animal sent à l'approche d'un animal de son espèce. De plus, ce charme que les deux sexes s'inspirent par leur différence augmenterait ce plaisir : et la prière naturelle qu'ils se font toujours l'un à l'autre serait une troisième loi [1].

Outre le sentiment que les hommes ont d'abord, ils parviennent encore à avoir des connaissances; ainsi ils ont un second lien que les autres animaux n'ont pas. Ils ont donc un nouveau motif de s'unir; et le désir de vivre en société est une quatrième loi naturelle [2].

est le résultat à la fois de trois instincts, du sentiment de la crainte, du plaisir de la société et de l'instinct du sexe; 4° de ce rapprochement des êtres d'une part et de la connaissance de l'autre dérive la loi de la sociabilité. — La théorie de Hobbes était plus simple et plus nette : « Par une crainte mutuelle nous désirons sortir de l'état de guerre si incommode et nous recherchons la société. »

1. Cf. liv. XXIII, chap. I « Des hommes et des animaux, par rapport à la multiplication de leur espèce. »

2. C'est la définition célèbre d'A-ristote (*Politique*, I, 1), que l'homme est un animal politique, πολιτικόν ὁ ἄνθρωπος ζῷον, définition que Hobbes s'est acharné à combattre. Remarquez que Montesquieu et Aristote font également dériver l'état social à la fois de l'union des sexes et de la communion des connaissances (*Polit.*, I, 1, 11). — Montesquieu était plus sceptique, dans ses *Lettres Persanes*, au sujet de l'origine des sociétés : « Je n'ai jamais ouï parler du droit public, qu'on n'ait commencé par rechercher soigneusement quelle est l'origine des sociétés; ce qui me paraît ridicule. »

CHAPITRE III

Des lois positives [1].

Sitôt que les hommes sont en société, ils perdent le sentiment de leur faiblesse; l'égalité qui était entre eux cesse, et l'état de guerre commence.

Chaque société particulière vient à sentir sa force : ce qui produit un état de guerre de nation à nation [2]. Les particuliers, dans chaque société, commencent à sentir leur force; ils cherchent à tourner en leur faveur les principaux avantages de cette société : ce qui fait entre eux un état de guerre [3].

Ces deux sortes d'états de guerre font établir les lois parmi les hommes. Considérés comme habitants d'une si grande planète, qu'il est nécessaire qu'il y ait différents

1. Les *lois positives* sont les *lois écrites* ou plutôt les *lois posées*, arrêtées, réglées par l'homme. Dans l'*Esprit des Lois*, XXII, x, Montesquieu définit *positif*, « ce qui est fixé par une loi ». Bossuet (*Histoire universelle*, I, iv), distingue les temps de *la loi naturelle* (jusqu'à Moïse), de ceux de *la loi écrite* ou *positive*. Les lois positives sont ce que les Grecs appelaient οἱ τιθέντες νόμοι; cf. chez les Latins les expressions de *ferre legem* et de *leges latæ*.

2. Remarquez comme la théorie de Montesquieu se rapproche de la théorie classique de l'origine du droit des gens, telle qu'elle est inscrite dans les livres de droit (cf. p. 21, n. 1).

3. Rousseau dérive également le droit de guerre de l'existence de plusieurs sociétés; mais il nie l'état de guerre entre les membres d'une même société (*Contrat Social*, I, iv) : « La guerre n'est point une relation d'homme à homme, mais une relation d'État à État. » « C'est », dit-il plus loin, « le rapport des choses et non des hommes qui constitue la guerre; et l'état de guerre ne pouvant naître des simples relations personnelles, vient seulement des relations réelles : la guerre privée ou d'homme à homme ne peut exister, ni dans l'état de nature où il n'y a point de propriété constante, ni dans l'état social où tout est sous l'autorité des lois. »

peuples, ils ont des lois dans le rapport que ces peuples ont entre eux : et c'est le DROIT DES GENS[1]. Considérés comme vivant dans une société qui doit être maintenue, ils ont des lois dans le rapport qu'ont ceux qui gouvernent avec ceux qui sont gouvernés : et c'est le DROIT POLITIQUE[2]. Ils en ont encore dans le rapport que tous les citoyens ont entre eux : et c'est le DROIT CIVIL[3].

Le droit des gens est naturellement fondé sur ce principe, que les diverses nations doivent se faire dans la paix le plus de bien, et dans la guerre le moins de mal qu'il est possible, sans nuire à leurs véritables intérêts[4].

---

1. On sait que l'expression *droit des gens* n'est que la traduction littéraire et artificielle, faite par les jurisconsultes, de l'expression classique *jus gentium*. « droit des nations ». Voici la définition du *jus gentium* donnée par Justinien, *Institutes*, I, II : *Jus gentium, omni humano generi commune est. Nam, usu exigente et humanis necessitatibus, gentes humanæ quædam sibi constituerunt : bella enim orta sunt et captivitates secutæ et servitutes, quæ sunt juri naturali contrariæ* [théorie classique, qui est ici celle de Montesquieu]. *Quod naturalis ratio inter omnes homines constituit, id apud omnes populos peræque custoditur vocaturque jus gentium, quasi quo jure omnes gentes utuntur.* — Il est à remarquer que Montesquieu voit dans le droit des gens surtout le *droit international*, c'est-à-dire les lois qui règlent les rapports des diverses nations, tandis que les *Institutes* y voient surtout les lois naturelles communes à toutes les nations. Mais on comprend aisément comment ces deux définitions peuvent dériver l'une de l'autre. — A ce droit des gens, les jurisconsultes opposent le droit particulier de chaque cité, *jus civile* (*ibid.*, cf. ici, p. 17, n. 1).

2. Les *lois politiques* (dont l'ensemble forme *le droit politique*), sont celles qui règlent l'organisation de l'Etat, les rapports des citoyens avec l'Etat, et des différents pouvoirs de l'Etat entre eux, ce que nous appellerions *la constitution.*

3. Les *lois civiles* sont celles qui règlent les rapports des citoyens entre eux, protègent leur vie, leur propriété et leurs actes : c'est ce que nous appellerions *le droit civil, criminel ou pénal.* — Dans un gouvernement « il faut des tribunaux. Ces tribunaux donnent des décisions. Elles doivent être conservées, elles doivent être apprises, pour que l'on y juge aujourd'hui comme l'on y jugea hier, et que la propriété et la vie des citoyens y soient assurées et fixes comme la constitution même de l'Etat » (liv. VI, ch. 1). — Cette distinction que fait Montesquieu entre *le droit civil* et *le droit politique* correspond à celle qu'ont faite les jurisconsultes latins entre *le droit public* et *le droit privé* : *PUBLICUM jus est, quod ad statum rei Romanæ spectat; PRIVATUM, quod ad singulorum utilitatem pertinet* (*Institutes* de Justinien, I, I, 4).

4. Il semble bien que Montesquieu s'inspire des principes de Grotius, qui le premier, fit « de

L'objet de la guerre, c'est la victoire; celui de la victoire, la conquête; celui de la conquête, la conservation. De ce principe et du précédent doivent dériver toutes les lois qui forment le droit des gens.

Toutes les nations ont un droit des gens; et les Iroquois mêmes, qui mangent leurs prisonniers, en ont un. Ils envoient et reçoivent des ambassades; ils connaissent des droits de la guerre et de la paix[1]: le mal est que ce droit des gens n'est pas fondé sur les vrais principes[2].

Outre le droit des gens, qui regarde toutes les sociétés, il y a un droit politique pour chacune. Une société ne saurait subsister sans un gouvernement. « La réunion de toutes les forces particulières », dit très bien Gravina, « forme ce qu'on appelle l'ÉTAT POLITIQUE[3] ».

La force générale peut être placée entre les mains d'un seul, ou entre les mains de plusieurs[4]. Quelques-

---

généreux efforts pour introduire l'idée du droit où elle n'avait pas encore sa place, dans la guerre et les traités » (Janet, *Science politique*, IV, III). L'idée fondamentale de Grotius, qui est bien ici celle de Montesquieu, est celle par laquelle il termine son livre (III, xxv, 2): « Au milieu de la guerre il faut toujours penser à la paix. »

1. Ces renseignements sur les Iroquois sont empruntés au traité du P. Lafitau sur les *Mœurs des Sauvages Américaines comparées aux mœurs des premiers temps* (1724, t. IV, p. 33, où Lafitau traite spécialement du droit des gens et des ambassades chez les Iroquois): c'est un des premiers et des plus curieux essais de sociologie des peuples primitifs.

2. Les principes du droit naturel, origine du droit des gens.

3. Gravina est un jurisconsulte italien (1664-1718) qui a écrit, en fort bon latin, un livre sur les origines du droit (*Origines juris civilis*, 1701-13; édit. de 1737). C'est en réalité un traité de droit ro-

main: mais il est encadré de considérations générales sur les lois et sur les gouvernements, auxquelles Montesquieu a fait plus d'un emprunt. — Comme il lui arrive souvent, Montesquieu ne cite pas avec une exactitude rigoureuse; il donne à la pensée de Gravina une précision et une portée qu'elle ne paraît pas avoir. Gravina a dit, d'une façon plus littéraire que philosophique, que la perfection de l'état politique est formée par la juste distribution et l'accord des forces qui commandent et qui obéissent (liv. III, chap. v): *Justa distributione munerum et* COLLATIONE *ac temperamento* PARTIUM [ce sont ces mots que traduit Montesquieu] *secundum suam cujusque naturam ad imperandum vel ad parendum et ad indicendas vel subeundas pœnas,* CIVITAS RECTE COMPOSITUR.

4. C'est la division la plus simple des formes de gouvernement. Montesquieu l'abandonnera dès le début de son ouvrage (cf. p. 26, n. 2).

uns ont pensé que, la nature ayant établi le pouvoir
paternel, le gouvernement d'un seul était le plus conforme à la nature[1]. Mais l'exemple du pouvoir paternel
ne prouve rien. Car, si le pouvoir du père a du rapport
au gouvernement d'un seul, après la mort du père, le
pouvoir des frères, ou, après la mort des frères, celui
des cousins-germains, ont du rapport au gouvernement
de plusieurs. La puissance politique comprend nécessairement l'union de plusieurs familles[2].

Il vaut mieux dire que le gouvernement le plus conforme à la nature est celui dont la disposition[3] particulière se rapporte mieux à la disposition du peuple pour
lequel il est établi.

Les forces particulières ne peuvent se réunir sans
que toutes les volontés se réunissent[4]. « La réunion de
ces volontés », dit encore très bien Gravina, « est ce
qu'on appelle l'ÉTAT CIVIL[5]. »

1. En particulier Hobbes (I,
p. 182) : « L'empire paternel, in-
stitué de Dieu en la création du
monde, est un empire monarchique. » Voilà encore une de ces
questions que les théologiens et
les philosophes du xvii° siècle ont
discutée à satiété. Le « patriar-
chat » monarchique et divin a eu
pour principal défenseur Filmer
(1604-1647), que Sidney, Locke et
d'autres ont combattu.

2. Cf. Rousseau, *Contrat Social*,
II, ii : « Je n'ai rien dit du roi
Adam ni de l'empereur Noé, père
de trois grands monarques qui
se partagèrent l'univers. J'espère
qu'on me saura gré de cette mo-
dération, car, descendant directement de l'un de ces princes, et
peut-être de la branche aînée,
que sais-je si par la vérification
des titres je ne me trouverais
point le légitime roi du genre
humain ? »

3. *Dispositions* signifie sans doute
ce que Montesquieu appelle ail-

leurs l'*esprit général* (cf. p. 28,
n. 1). Ce rapport nécessaire entre l'*esprit général* d'un peuple
et ses lois est peut-être la théorie
essentielle de l'*Esprit des Lois* ;
vous la trouverez exprimée sous
une autre forme dix lignes plus
loin.

4. En rejoignant ces deux propositions, on doit supposer que,
d'après Montesquieu, les *lois civiles* sont antérieures aux *lois politiques*.

5. Ici encore la pensée de Gravina, sans être dénaturée, est
transformée en théorème. Voyez
Origines, III, i, par ex. : *Beata civitas est, in qua unaquæque por-
tio munus perfecte obeat suum.*
En d'autres termes (cf. p. 23, n. 5),
l'état civil est celui où tous les
citoyens vivent d'accord entre
eux sous les règles du *droit*, l'état
politique est celui où toutes les
forces particulières sont asso-
ciées sous l'action de la force pu-
blique.

La loi, en général, est la raison humaine[1], en tant qu'elle gouverne tous les peuples de la terre; et les lois politiques et civiles de chaque nation ne doivent être que les cas particuliers où s'applique cette raison humaine.

Elles doivent être tellement propres au peuple pour lequel elles sont faites[2], que c'est un très grand hasard si celles d'une nation peuvent convenir à une autre[3].

1. Cette définition célèbre de Montesquieu n'est point, à proprement parler, originale. Elle a son histoire. L'identité de la loi et de la raison est une pensée familière aux philosophes grecs : « le fil d'or sacré de la Raison », disait Platon, « autrement dit la loi commune de la Cité », τὴν τοῦ λογισμοῦ ἀγωγὴν χρυσῆν καὶ ἱερὰν, τῆς πόλεως κοινὸν νόμον ἐπικαλουμένην (Lois, I, xiii) (cf. ici, p. 10, n. 3). Cicéron, après bien d'autres, a rapproché maintes fois la loi et la raison : Lex est RECTA RATIO imperandi atque prohibendi (de Legibus, I, xv, 42). Est quidem vera lex RECTA RATIO, naturæ congruens, diffusa in omnes (de Republica, III, xxii, 33 [16])(même pensée chez Plutarque, à la suite du passage cité p. 10, n. 3). Ces admirables définitions de la loi ont été reprises par Grotius au commencement du xviie siècle (cf. I, i, 9, etc.), et il paraît probable que c'est par Grotius qu'elles sont revenues dans la philosophie moderne. On les retrouve chez Clarke (Religion naturelle, III, p. 958) : « La règle de justice est la même chose que la droite raison, etc... », chez Cumberland, etc. Montesquieu l'établit définitivement dans la philosophie française, et Rousseau ne fait que l'imiter lorsqu'il dit (Contrat Social, II, vii) que la loi était le produit de « cette raison sublime qui s'élève au-dessus de la portée des hommes vulgaires ». Cette idée « sublime » de la loi, les Constituants la reçurent de Rousseau et de Montesquieu, sans se douter toujours qu'elle leur venait de Platon, et ils la mirent en pratique dans leurs réformes : la Constitution de 1791 fut faite conforme, ils le pensaient du moins, à la raison humaine. Il n'y a peut-être pas, dans l'histoire de l'humanité, d'axiome philosophique qui ait eu de telles destinées.

2. Cela résulte des conditions particulières, autrement dit de l'esprit distinctif que le climat, les inclinations, la religion, le gouvernement font à chaque peuple et imposent par suite à ses lois. C'est ce qui va être indiqué par les deux paragraphes qui suivent et ce qui sera développé par l'Esprit des Lois tout entier.

3. Montesquieu revient çà et là sur cette formule, à laquelle il tient beaucoup : « On demanda à Solon si les lois qu'il avait données aux Athéniens étaient les meilleures : Je leur ai donné, répondit-il, les meilleures de celles qu'ils pouvaient souffrir. Belle parole, qui devrait être entendue de tous les législateurs. » (XIX, xxi.) — Il y tient, non pas seulement pour des motifs d'ordre scientifique, mais aussi pour échapper au reproche qui lui fut fait de vouloir proposer une constitution nouvelle à la France et de regarder les lois anglaises comme le modèle à imiter. « Qu'on nous laisse tels que nous som-

Il faut[1] qu'elles se rapportent à la nature[2] et au principe[3] du gouvernement qui est établi, ou qu'on veut établir[4] : soit qu'elles le forment, comme font les lois politiques[5]; soit qu'elles le maintiennent, comme font les lois civiles[6].

Elles doivent être relatives au physique du pays : au climat[7], glacé, brûlant ou tempéré; à la qualité du ter-

---

mes », répète-t-il (XIX, VI); et en étudiant l'origine, la nature et l'esprit des lois françaises ou autres, il a voulu « faire en sorte que tout le monde », en France et ailleurs, « eût de nouvelles raisons pour aimer ses devoirs, son prince, sa patrie » (*Préface*).

1. A partir d'ici, Montesquieu donne le plan de son *Esprit des Lois* : mais, comme il n'indique pas toutes les matières qu'il a réellement traitées, il semble bien que ce soit là *le plan primitif*, dont il s'est éloigné dans les derniers livres.

2. « Il y a trois espèces de gouvernements : le RÉPUBLICAIN, le MONARCHIQUE et le DESPOTIQUE. Pour en découvrir *la nature*, il suffit de l'idée qu'en ont les hommes les moins instruits. Je suppose trois définitions, ou plutôt trois faits; l'un, que « le gouvernement « *républicain* est celui où le peu- « ple en corps, ou seulement une « partie du peuple, a la souve- « raine puissance; le *monarchi-* « *que*, celui où un seul gouverne, « mais par des lois fixes et éta- « blies; au lieu que, dans le *des-* « *potique*, un seul sans loi et sans « règle entraîne tout par sa vo- « lonté et par ses caprices. »

« Voilà ce que j'appelle *la na-* *ture* de chaque gouvernement. Il faut voir quelles sont les lois qui suivent directement de cette na- ture, et qui par conséquent sont les premières lois fondamentales. » — *Esprit des Lois*, II, 1.

Livre II : « Des lois qui dérivent de la nature du gouvernement »[1]

3. Le *principe* du gouvernement, d'après Montesquieu, est « ce qui le fait agir », ou « la passion humaine qui le fait mouvoir » : ce sont la *vertu* dans la république, la *crainte* dans l'état despotique, l'*honneur* dans la monarchie. — Livre III : « Des principes des trois gouvernements »; livre IV : « Que les lois de l'éducation doivent être relatives aux principes du gouvernement »; livre V : « Que les lois que le législateur donne doivent être relatives au principe du gouvernement »; livre VI : « Conséquences des principes des divers gouvernements, par rapport à la simplicité des lois civiles et criminelles, la forme des jugements, et l'établissement des peines »; livre VII : « Conséquences des différents principes des trois gouvernements, par rapport aux lois somptuaires, au luxe et à la condition des femmes »; livre VIII : « De la corruption des principes des trois gouvernements »; livre IX : « Des lois, dans le rapport qu'elles ont avec la force défensive »; livre X : « Des lois, dans le rapport qu'elles ont avec la force offensive ».

4. Voyez le sujet du livre V.

5. Voy. les sujets des livres II-V.

6. Voyez le sujet du livre VI; cf. liv. VII.

7. Livre XIV : « Des lois, dans le rapport qu'elles ont avec la nature du climat. » Livre XV : « Comment les lois de l'esclavage civil (l'esclavage proprement dit) ont

rain, à sa situation, à sa grandeur[1]; au genre de vie des
peuples, laboureurs, chasseurs ou pasteurs[2]: elles doivent
se rapporter au degré de liberté que la constitution peut
souffrir[3]; à la religion des habitants[4], à leurs inclina-

du rapport avec la nature du climat. » Livre XVI; « Comment les
lois de l'esclavage domestique [p.
ex. la polygamie] ont du rapport
avec la nature du climat. » Livre
XVII : « Comment les lois de la
servitude politique[le despotisme],
ont du rapport avec la nature du
climat. » — Par exemple, XVII,
ch. 11 : « Il ne faut pas être étonné
que la lâcheté des peuples des
climats chauds les ait presque
toujours rendus esclaves, et que
le courage des peuples des climats
froids les ait presque toujours
rendus libres. »

1. Livre XVIII : « Des lois, dans
le rapport qu'elles ont avec la nature du terrain. » — Ch. 1 : « La
bonté des terres d'un pays y établit naturellement la dépendance.
Le gouvernement d'un seul se
trouve plus souvent dans les pays
fertiles, et le gouvernement de
plusieurs dans les pays qui ne le
sont pas. »

2. Les quatre catégories de
peuples [ici Montesquieu n'en indique que trois] « d'après la façon
dont ils se procurent la subsis-
tance », sont indiquées liv. XVIII,
ch. viii et xi : « Il faut un code
de lois plus étendu pour un peuple qui s'attache au *commerce* et
à la mer (étudié plus loin, liv. XX
et XXI], que pour un peuple qui se
contente de *cultiver* ses terres....
Il y a cette différence, entre les
peuples sauvages et les peuples
barbares [étudiés en particulier
liv. XVIII], que les premiers sont
de petites nations dispersées qui,
par quelques raisons particulières, ne peuvent pas se réunir;
au lieu que les barbares sont ordinairement de petites nations
qui peuvent se réunir. Les pre-

miers sont ordinairement des
peuples *chasseurs*; les seconds,
des peuples *pasteurs*. »

3. Livre XI : « Des lois qui
forment la liberté politique, dans
son rapport avec la constitution. »
Liv. XII : « Des lois qui forment la
liberté politique, dans son rapport
avec le citoyen. » Liv. XIII : « Des
rapports que la levée des tributs
et la grandeur des revenus publics
ont avec la liberté. » — Par ex. XI,
iv : « La liberté politique ne se
trouve que dans les gouvernements modérés....Une constitution
peut être telle que personne ne
sera contraint de faire les choses
auxquelles la loi ne l'oblige pas,
et à ne point faire celles que la loi
lui permet. » — XII, 1 : « Il pourra
arriver que la constitution sera
libre, et que le citoyen ne le sera
pas : le citoyen pourra être libre,
et la constitution ne l'être pas. »
Ch. xix : « L'usage des peuples les
plus libres qui aient jamais été
sur la terre me fait croire qu'il y a
des cas où il faut mettre, pour un
moment, un voile sur la liberté. »

4. Liv. XXIV : « Des lois, dans
le rapport qu'elles ont avec la religion établie dans chaque pays,
considérée dans ses pratiques et
en elle-même. » Liv. XXV : « Des
lois, dans le rapport qu'elles ont
avec l'établissement de la religion
de chaque pays et sa police extérieure. » — P. ex. XXIV, iii : « Que
le gouvernement modéré convient
mieux à la religion chrétienne, et
le gouvernement despotique à la
mahométane. » Chap. xvi : « Comment les lois de la religion cor-
rigent les inconvénients de la constitution politique. » XXV, v :
« Des bornes que les lois doivent
mettre aux richesses du clergé. »

tions[1], à leurs richesses[2], à leur nombre[3], à leur commerce, à leurs mœurs, à leurs manières. Enfin, elles ont des rapports entre elles; elles en ont avec leur origine[4], avec l'objet du législateur[5], avec l'ordre des choses sur lesquelles elles sont établies[6]. C'est dans toutes ces vues qu'il faut les considérer.

1. « Inclinations, mœurs, manières », se rapportent au sujet du liv. XIX : « Des lois, dans le rapport qu'elles ont avec les principes qui forment l'esprit général, les mœurs et les manières d'une nation. » — Les « inclinations » sont devenues, dans le liv. XIX, « l'esprit général. » C'est ainsi que Montesquieu (XIX, v), caractérisant « l'esprit général » de la nation française, mentionne son « humeur sociable », son « ouverture de cœur », sa « joie dans la vie », c'est-à-dire ses qualités naturelles. Cf. le sens du mot *dispositions*, ici, p. 21, n. 3. — Règle générale : « C'est au législateur à suivre l'esprit de la nation lorsqu'il n'est pas contraire aux principes du gouvernement. » — « Les *mœurs* et les *manières* sont des usages que les lois n'ont pas établis, ou n'ont pas pu, ou n'ont pas voulu établir. Il y a cette différence entre les lois et les mœurs, que les lois règlent plus les actions du citoyen, et que les mœurs règlent plus les actions de l'homme. Il y a cette différence entre les mœurs et les manières, que les premières regardent plus la conduite intérieure, les autres l'extérieure. » Liv. XIX, ch. xvi.

2. « Richesses et commerce » sont traités en même temps dans les trois livres suivants : XX : « Des lois, dans le rapport qu'elles ont avec le commerce, considéré dans sa nature et ses distinctions »; XXI : « Des lois, dans le rapport qu'elles ont avec le commerce, considéré dans les révolutions qu'il a eues dans le monde. » A ces deux sujets se rattache celui qui est traité liv. XXII : « Des lois, dans les rapports qu'elles ont avec l'usage de la monnaie. » Cf. p. 26, n. 3, le sujet du livre VII.

3. Liv. XXIII : « Des lois, dans le rapport qu'elles ont avec le nombre des habitants. » P. ex. ch. xxi : « Les anciennes lois de Rome cherchèrent beaucoup à déterminer les citoyens au mariage. »

4. *Origine* doit signifier ici origines ou causes historiques, conditions dans lesquelles le peuple se trouvait au moment où telle loi fut promulguée ; et c'est peut-être une allusion aux livres historiques (cf. p. 29, n. 1), par lesquels se termine l'*Esprit des Lois*. Aussi bien Montesquieu ne s'est-il jamais défendu, dans son ouvrage, de s'occuper de l'origine historique de certaines lois (en particulier des lois de Rome, p. ex. livre XI), quoiqu'en fait, il s'en préoccupe infiniment peu (cf. p. 29, n. 2).

5. Livre XXIX : « De la manière de composer les lois. » Voyez p. ex. chap. xiii : « Qu'il ne faut point séparer les lois de l'objet pour lequel elles sont faites. »

6. Livre XXVI : « Des lois, dans le rapport qu'elles doivent avoir avec l'ordre des choses sur lesquelles elles statuent. » Par exemple, « on ne doit point statuer par les lois divines ce qui doit l'être par les lois humaines, ni régler par les lois humaines ce qui doit l'être par les lois divines. » (Chap. ii.) « La sublimité de la raison humaine consiste à savoir bien auquel de ces ordres se rapportent principalement les choses sur

C'est ce que j'entreprends de faire dans cet ouvrage[1]. J'examinerai tous ces rapports : ils forment tous ensemble ce que l'on appelle l'ESPRIT DES LOIS[2].

Je n'ai point séparé les lois *politiques* des *civiles*[3] : car, comme je ne traite point des lois, mais de l'esprit des lois, et que cet esprit consiste dans les divers rapports que les lois peuvent avoir avec diverses choses, j'ai dû moins suivre l'ordre naturel[4] des lois que celui de ces rapports et de ces choses.

lesquelles on doit statuer, et à ne point mettre de confusion dans les principes qui doivent gouverner les hommes. » (Chap. i.)

1. Montesquieu n'a fait ici qu'une seule allusion, et encore peu concluante (cf. p. 28, n. 4), aux derniers livres de *l'Esprit des Lois*, qui n'entraient pas, selon toute vraisemblance, dans le plan primitif ici exposé (cf. p. 9, n. 1). Livre XXVII : « De l'origine et des révolutions des lois des Romains sur les successions. » Livre XXVIII : « De l'origine et des révolutions des lois civiles chez les Français. » Livre XXX : « Théorie des lois féodales chez les Francs, dans le rapport qu'elles ont avec l'établissement de la monarchie. » Livre XXXI : « Théorie des lois féodales chez les Francs, dans le rapport qu'elles ont avec les révolutions de leur monarchie. »

2. En d'autres termes, l'esprit des lois paraît signifier, pour Montesquieu, *l'explication scientifique, la raison d'être*, et *l'enchaînement nécessaire* des lois. Cela résulte, non pas seulement du livre lui-même, mais aussi des phrases suivantes de la *préface* : « J'ai cru que, dans cette infinie diversité de lois et de mœurs, les hommes n'étaient pas uniquement conduits par leurs fantaisies. J'ai posé les principes, et j'ai vu les cas particuliers s'y plier comme d'eux-mêmes, les histoires de toutes les nations n'en être que *les suites*, et chaque loi particulière *liée* avec une autre loi, ou *dépendre* d'une autre loi. » Et plus loin : « Chaque nation trouvera ici *les raisons* de ses maximes. » Voyez en outre la définition que Montesquieu a donnée de *l'esprit des lois* dans le titre complet de son ouvrage (p. 9, n. 1). Il ne cherchera pas les *causes historiques* des lois, mais leur *relation nécessaire* avec les différents éléments qui influent sur la vie des hommes; ce n'est pas un livre d'histoire qu'il a voulu faire (sauf, bien entendu, les 4 derniers livres cités n. 1), mais, comme il le répète souvent dans ses lettres, un *livre de droit*.

3. C'est ainsi que dans le livre XVIII (sur la nature du terrain), il traite également (chap. xiii et xiv) « des lois civiles » et « de l'état politique » « des peuples qui ne cultivent point les terres », et de même dans la plupart des livres relatifs aux « diverses choses » qui règlent « ces rapports » : climat, religion, etc.

4. L' « ordre naturel des lois » est celui que Montesquieu indique plus haut, au début de ce chapitre. Il va sans dire qu'on peut discuter si cet ordre est vraiment « naturel », c'est-à-dire conforme au développement normal des sociétés humaines.

J'examinerai d'abord[1] les rapports que les lois ont avec la nature et avec le principe de chaque gouvernement[2], et, comme ce principe a sur les lois une suprême influence, je m'attacherai à le bien connaître; et si je puis une fois l'établir, on en verra couler les lois comme de leur source[3]. Je passerai ensuite[4] aux autres rapports, qui semblent être plus particuliers[5].

1. Livres I-VIII, à ce qu'il semble.

2. Cf. p. 26, n. 2 et 3.

3. C'est-à-dire que les lois varient essentiellement suivant qu'elles ont pour principe la vertu, la crainte ou l'honneur (cf. p. 26, n. 3). — Cette théorie des trois principes et de leur conséquence est celle que Montesquieu considérait comme la plus importante et la plus originale de son livre : « J'ai posé les principes etc. », (cf. p. 29, n. 2) et dans cette même préface : « Je n'ai point tiré mes principes de mes préjugés, mais de la nature même des choses. »

4. A partir, je pense, du livre IX (force offensive et défensive, liberté, climats, etc.).

5. Ce livre préliminaire de l'*Esprit des Lois* a suggéré à Auguste Comte les très remarquables réflexions qui suivent; *Cours de philosophie positive*, XLVII° leçon : « Ce qui caractérise à mes yeux la principale force de l'*Esprit des Lois*, c'est la tendance prépondérante, qui s'y fait partout sentir, à concevoir désormais les phénomènes politiques comme aussi nécessairement assujettis à d'invariables lois naturelles que tous les autres phénomènes quelconques : disposition si nettement prononcée, dès le début, par cet admirable chapitre préliminaire où, pour la première fois depuis l'essor primitif de la raison humaine, l'idée générale de *loi* se trouve enfin directement définie, envers tous les sujets possibles, même politiques, suivant l'uniforme acceptation fondamentale que notre intelligence s'était déjà habituée à lui attribuer dans les plus simples recherches positives. Quelle que soit l'importance de cette innovation capitale, son origine philosophique ne saurait être méconnue, puisqu'elle résulte évidemment de l'entière généralisation finale d'une notion incomplète que le progrès continu des sciences avait dû graduellement rendre très familière à tous les esprits avancés, par une suite spontanée de l'impulsion décisive qu'avait produite, un siècle auparavant, la grande combinaison des travaux de Descartes, de Galilée et de Képler, et que les travaux de Newton venaient de corroborer si heureusement. » On trouvera la confirmation de ce jugement de Comte dans le livre de M. Durkheim, *Quid Secundatus politicæ scientiæ instituendæ contulerit*, 1892.

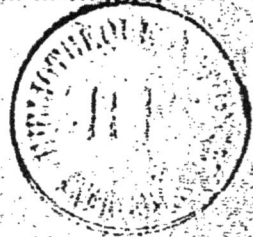

TABLE DES MATIERES

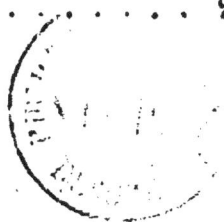

31408. — Imprimerie LAHURE, rue de Fleurus, 9, à Paris.

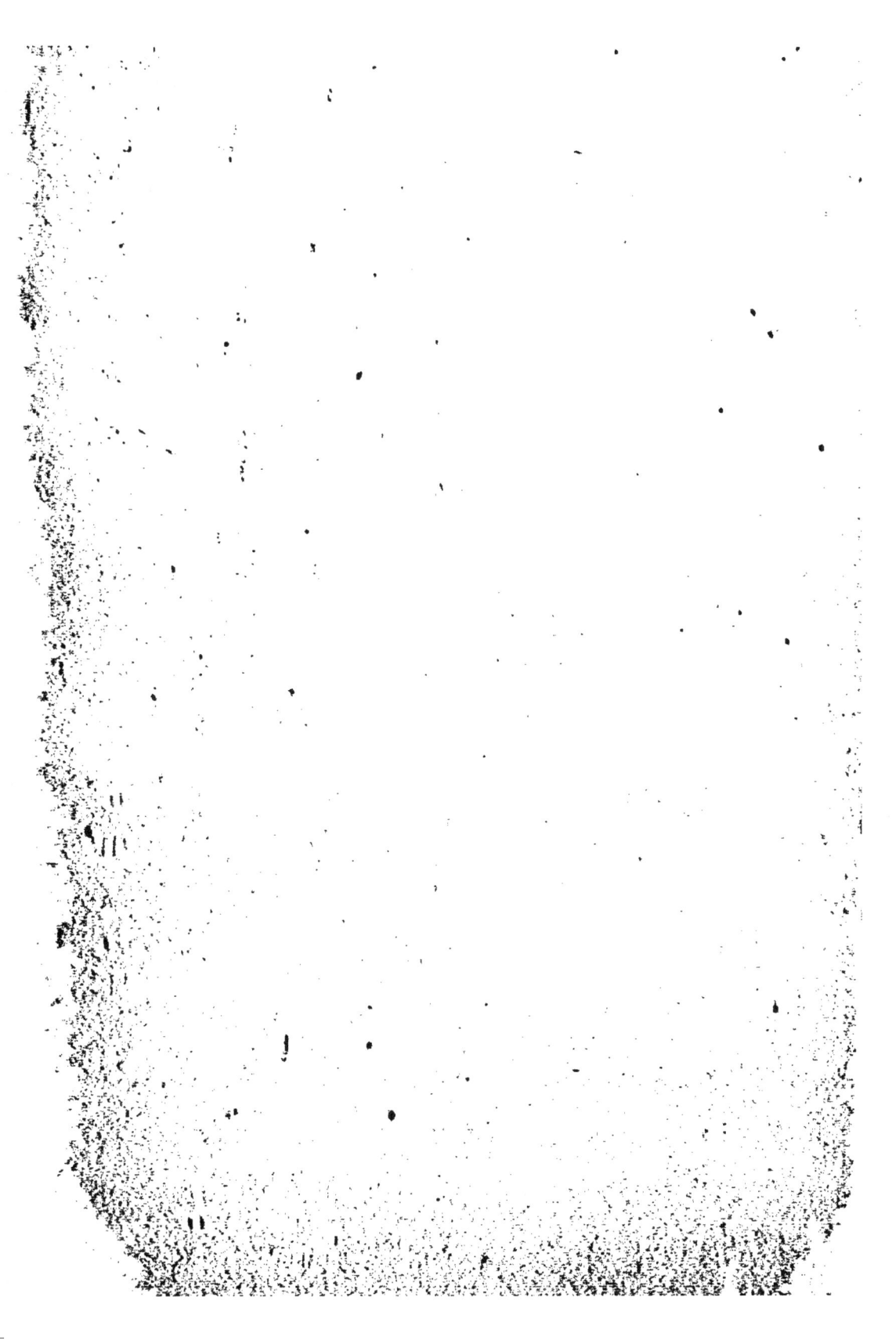

1-97